青史流光：跨越时空的那些人

编著：宫浩奇

绘者：小马车图书

陈胜 吴广传

中国戏剧出版社
CHINA THEATRE PRESS

图书在版编目（CIP）数据

陈胜吴广传 / 宫浩奇编著；小马车图书绘. — 北京：中国戏剧出版社，2023.1
（青史流光：跨越时空的那些人）
ISBN 978-7-104-05284-5

Ⅰ. ①陈… Ⅱ. ①宫… ②小… Ⅲ. ①陈胜（?- 前 208）—传记②吴广（?- 前 208）—传记 Ⅳ. ① K233.01

中国版本图书馆 CIP 数据核字（2022）第 178417 号

陈胜 吴广传

责任编辑： 肖　楠
项目统筹： 康祎宁
责任印制： 冯志强

出版发行：中国戏剧出版社	印　刷：保定市铭泰达印刷有限公司
出 版 人：樊国宾	开　本：710mm×1000mm　1/16
社　　址：北京市西城区天宁寺前街 2 号国家音乐产业基地 L 座	印　张：78
邮　　编：100055	字　数：280 千
网　　址：www.theatrebook.cn	版　次：2023 年 1 月　北京第 1 版第 1 次印刷
电　　话：010-63381560（发行部）　010-63385980（总编室）	书　号：ISBN 978-7-104-05284-5
传　　真：010-63381560	定　价：298.00 元（全 10 册）

读者服务：010-63381560
邮购地址：北京市西城区天宁寺前街 2 号国家音乐产业基地 L 座

版权专有，违者必究；如有质量问题，请与出版社联系调换。

浪淘沙·陈胜 吴广

更尽漏声残,盯隶揭竿,
风云集卷帝难眠。
野畔蚁民鹄雀志,一飞冲天。

疾雨劲兼寒,群雁分翻,
阋墙棠棣更伤男。
秦土汉宫埋骨处,芳满诗篇。

姓　　名	**陈胜、吴广**
所处时代	秦朝末年
主要事迹	大泽乡起义；张楚政权；夥颐见杀
关联名人	秦始皇、秦二世、赵高、刘邦、项羽
文化标识	苟富贵，勿相忘；燕雀安知鸿鹄之志；篝火狐鸣；斩木为兵，揭竿为旗；揭竿而起；王侯将相，宁有种乎；夥涉为王

历史背景

公元前221年,秦王嬴政结束了绵延500多年的春秋战国乱世,一统寰宇,建立了赫赫有名的大秦帝国。嬴政自称秦始皇,希望自己的后代能够以秦二世、秦三世乃至万万世的身份一直统驭帝国。为此,他积极理政、开疆拓土,开创了很多影响后世的典章制度,修建了众多大型的工程建筑,被后世誉为"千古一帝"。但同时,他也是一个不折不扣的"暴君",在位期间,横征暴敛,不恤民力,用严刑峻法,恐吓百姓,以致天下民怨沸腾。公元前210年,秦始皇病逝于东巡途中。帝国的权柄并未如他料想的那样传递到长子扶苏手中,他的另一个儿子胡亥勾结宦官赵高、丞相李斯,谋取了帝位。胡亥并没有他父亲的雄才伟略,性格上却具有同样的残忍暴戾,天下更加苦不堪言。在这一背景下,两个本来被强迫要去北方戍守边境的平民百姓陈胜、吴广率先发动了大泽乡起义,拉开了反秦的序幕。之后各路豪杰、英雄纷纷跟随起义,共诛暴秦。陈胜、吴广虽然是起义的首倡者,但其建立的张楚政权很快被秦军击破,二人均身死人手。然而其他各

路义军并未退缩，依旧前仆后继。最终煌煌大秦无力阻挡历史的洪流，昙花一现，在起义军雄浑的呐喊声中、在阿房宫熊熊的烈火中，在末代秦王的汩汩鲜血中轰然倒塌。

故事线索

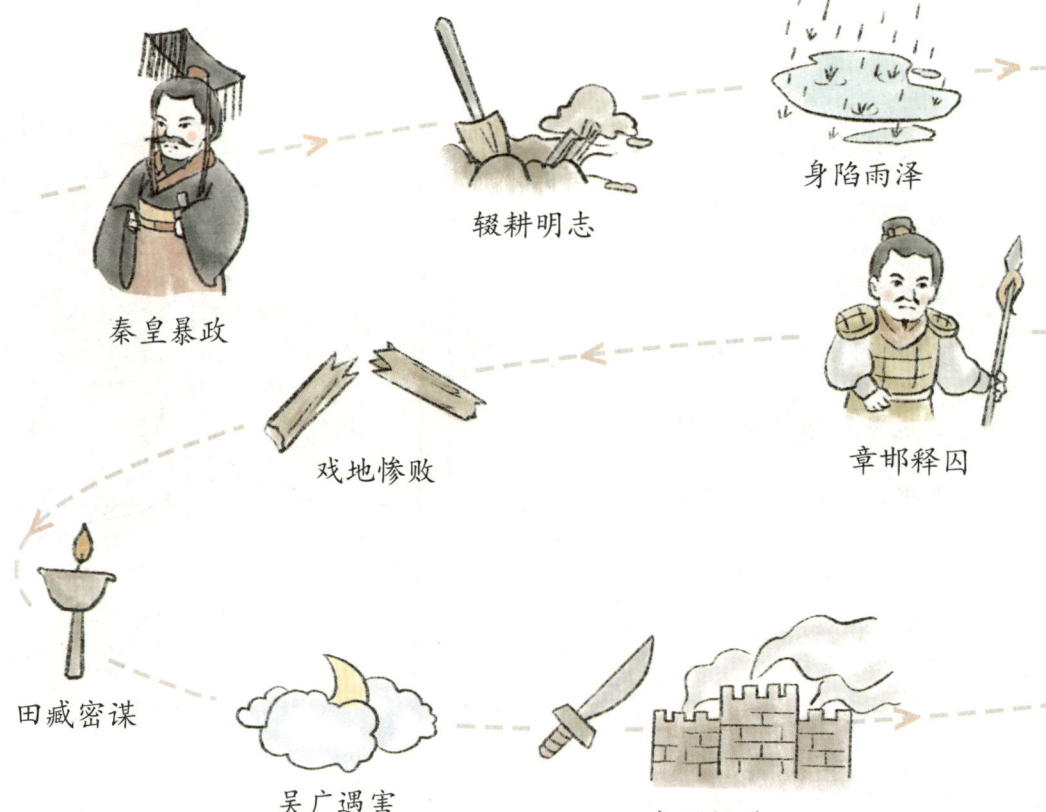

伐无道·诛暴秦

陈吴密议

鱼腹藏帛

篝火狐鸣

夺剑斩尉

揭竿而起

周文奇袭

吴广西征

张楚立国

义军无首

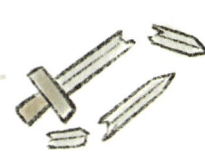
陈胜连败

庄贾弑主

夥颐见杀

秦皇暴政

　　陈胜、吴广是中国历史上**赫赫有名**的人物。而他们之所以能够**名垂青史**，不是因为他们具有文治武功，不是因为他们出身高贵，不是因为他们才能出众，而是因为他们开启了埋葬中国第一个封建王朝——大秦帝国的序幕。公元前221年，被后世誉为"千古一帝"的秦始皇挟破灭韩、赵、魏、楚、燕、齐六国之威建立起了煌煌大秦。为了能够将自己的皇帝之位传至二世、三世乃至万万世，他一方面收缴并销毁天下兵器，建造金城汤池，防止天下百姓作乱，另一方面又**焚书坑儒**，钳制舆论，用各种各样"**密如凝脂，繁似秋荼**（tú）"的严刑峻法威胁百姓。暴政下的百姓叫苦不迭，但慑于其威，大家都敢怒而不敢言。

备注

"密如凝脂，繁似秋荼"出处：西汉·桓宽《盐铁论·刑德》。
指秦朝的法条比秋天的荼蘼花还繁多，法网比凝固的油脂还细密。

青史流光：跨越时空的那些人

修长城、建阿房，没完没了的徭役，我们这些"蚁民"生活太苦了！

徭役繁重

陈胜、吴广就是生活在这样一个令人窒息的时代,尤其是对于他们这样的社会下层人物来说,每天辛苦劳动却**食不果腹**是常有之事。秦始皇为了阻挡北方少数民族匈奴的进攻,派人连接、修筑万里长城;为了满足自己**穷奢极欲**的生活,又修建了阿房宫;为了在死后依然能够享受荣华富贵,又修建了骊山陵墓。这几项大工程都需要无数"蚁民"来完成,于是大量的百姓不得不抛下自家的田地、生计去应付这没完没了的徭役。百姓的愤怒在压抑中越积越多,大秦政权仿佛坐在一个随时都要爆炸的火药桶之上,欠缺的仅仅是导火索。就在这时,秦始皇在东巡路上因病去世。**这个庞大帝国的掌舵人突然倒下,历史将走向何方?**

废长立幼

　　如果帝国的继承人是秦始皇长子扶苏的话，也许历史是另一番面貌。扶苏一向宽厚仁爱，与暴戾强势的秦始皇性格完全不同，很多百姓期盼扶苏即位，以放开束缚在他们身上的重重枷锁。可秦始皇当初因为性格问题，不喜欢扶苏，把他打发到北方跟大将蒙恬一起监造长城，这就给了另一个儿子胡亥可乘之机。胡亥因为年龄幼小，而且常伴始皇身边，所以颇受宠爱。眼见兄长扶苏被赶走，胡亥遂希望打破嫡长子继承制，谋夺皇位。但秦始皇临终前，还是把皇位传给了扶苏，这让胡亥很是愤怒。关键时刻，两个权臣宦官赵高、丞相李斯表示对胡亥支持，因为这二人一向跟扶苏不对付，所以这二人为了权力能够长久保有，决定废长立幼。

伐无道·诛暴秦·陈胜、吴广

胡亥误国

他们篡改了始皇的遗诏，派人去北地勒令扶苏和大将蒙恬自杀。二人死后，胡亥顺利登上了皇位，而赵高和李斯很快又反目成仇，李斯被杀死。胡亥这家伙在赵高的挑唆蛊惑下比他的父亲还要暴虐残忍，倒行逆施，百姓们更加苦不堪言。大秦王朝岌岌可危，而胡亥、赵高等人还在过着花天酒地、醉生梦死的颓废生活。他们不知道的是，一个小人物将成为压垮大秦王朝的最后一根稻草，这个人就是陈胜。陈胜，又名陈涉，曾是一个佃农，靠帮别人种地维生。一次，在七月的太阳下挥汗如雨的陈胜看着跟他一样在辛苦劳作的众佃农，长叹一声说道："苟富贵，勿相忘，假如以后我们当中有人富贵了，千万不要忘记其他人呀！"

辍耕明志

　　同伴们听后忍不住哈哈大笑。有人停下手中的活计，奚落道："陈胜啊，我们现在每天都过着这样辛苦的生活，能够侥幸活下去就不错了，哪里会有什么富贵呢？你还是老老实实种地的好。"陈胜摇摇头，笑道："燕雀安知鸿鹄之志，你们又怎么知道我将来不会富贵呢？"众人纷纷摇头不信。陈胜也不辩驳，一边刨地，一边畅想着他的未来。也许纵然陈胜志向远大，也做梦都想不到他会成为撬动历史车轮的杠杆。而这一天很快就如约而来。一天，陈胜被抓去服兵役，服役的地点在渔阳，也就是今天的北京地区。陈胜要从自己的南方老家出发，赶奔渔阳。要知道，在当时，去服役是有时间要求的，如未能如期到达，则必死无疑。

青史流光：跨越时空的那些人

身陷雨泽

陈胜这一支队伍总共九百人，其中有他的一个朋友，叫作吴广，二人皆为屯长。所谓的屯长不过是从这群人当中临时提拔的用于领队的队长，每五十人设一个屯长。他们真正的上级是校尉，是这支队伍的最高权力者。这支队伍一路晓行夜宿、饥餐渴饮，跟其他地方被派去驻守边城的队伍一样，并无特别。但倒霉的事情发生了。他们出发的时间是农历七月，恰好是雨季。结果他们出发不久，就碰上了瓢泼大雨，而且这雨一下起来就没完没了。很快，官道被冲毁，一群人只好在泥泞中跋涉，行进速度大大减缓。等到了一个叫大泽乡的地方时，他们不得不停止前行，安营扎寨。大家看着毫无停歇之意的雨幕，心头笼上了一层阴霾。

陈吴密议

现在情况变得非常严重了。照目前的情况，即使等雨停了，他们连夜赶路，也不可能在规定的时间到达目的地渔阳。而一旦延误期限，按照极为严苛的秦法，他们都要被处斩，根本没有辩解的机会。换句话说，这支队伍再去渔阳，也不过是迈向地狱罢了。人人都清楚这个结果，一时哀怨之气弥漫。陈胜偷偷地来找吴广商量下一步该怎么办。吴广一脸郁闷地说道："现在我们去渔阳也不过是送死，逃走也不现实。因为我们没有身份证明，所以很快就会被抓回来，最终还是难逃一死。这可如何是好？"陈胜盯着吴广看了好一会儿，沉声道："情形你我都明白，所以为今之计，我们要想活命，只有一条路可走。"

——伐无道·诛暴秦·陈胜、吴广——

青史流光：跨越时空的那些人

意欲造反

吴广猛地抬起头,两眼发出灼灼的光芒,急切问道:"陈涉,你想好了吗?开弓没有回头箭,这可是掉脑袋的事情!"陈胜猛地一捶桌子,咬牙说道:"我们还有别的选择吗?去渔阳是死、逃跑是死,只剩下造反一途了,造反最终也不过是一死而已。大丈夫处世,纵然是死,也要死得轰轰烈烈。更何况,我们未必不能成功。"吴广一拍大腿,低声道:"不错,我也正有此意。既然这该死的朝廷不给我们活路,那我们就造他地反,推翻秦朝,另建新朝。"陈胜却摇摇头道:"不可胡言乱语。我们不能直接打这个旗号!"吴广疑惑地看着他道:"造反不就是要推翻皇帝吗?不打这个旗号,那打什么旗号呢?"

威难服众

陈胜悄声说道:"你想想我们二人的出身,都是佃农,靠这个身份造反,有谁会相信?谁会追随?恐怕我们一说造反,旁边立刻有人就把我们绳捆索绑,押送朝廷邀功请赏了。纵然不被活捉,也可能会被人当成疯子,根本不可能有人投奔的。有道是众人拾柴火焰高,如果我们手中没有队伍,就凭咱俩怎么可能推翻秦朝?"吴广的浓眉也不由地紧锁起来。确实,二人威望不足,怎么可能号令天下?怎么可能让人望风影从?难道造反这唯一的路也被堵死了吗?看了会儿刚刚兴奋起来,却被猛泼了一瓢冷水的吴广,陈胜微微笑道:"这个问题其实不难解决,既然我们没有威望,那我们就找有威望的人来当首领不就行了?"

伐无道・诛暴秦・陈胜、吴广

青史流光：跨越时空的那些人

寻找名义

吴广讶然地看着陈胜道:"老陈,你不是糊涂了吧?我们到哪里去找这种有威望的人,要说有威望,只有世家子弟、官僚大将,可是这些人平常**眼高于顶**,怎么看得起我们这些区区小民?再说,这些家伙都是朝廷的**走狗鹰犬**,怎么可能帮助我们造反呢?"陈胜摆摆手道:"老吴,莫着急,你听我说完。我们不需要找真正的人来坐镇。其实,如果有这样的人在,反倒对我们没好处,且不说他是否和我们始终是一条心,更重要的是,一旦他来,我们的队伍是听他的还是听咱俩的呢?如果产生矛盾将不可收拾。所以这个人一定不能是真正的人?"吴广更加糊涂了:"不是真正的人,那能是什么?假人吗?"

扶苏之名

陈胜笑道："据传言，这大秦天下在始皇死后，本来应该是归属于太子扶苏的。扶苏这个人据说还不错，为人仁爱宽厚，不喜欢朝廷的各种严刑峻法。如果是他坐了天下，百姓的日子可能还会好过一点。可惜，他斗不过他的弟弟胡亥，胡亥在宦官赵高的支持下，篡夺了皇位。而且听小道消息说，扶苏已经被胡亥秘密处死了。但这个消息大多数人不清楚，以为扶苏还活着。我们不如就打着支持扶苏公子争夺皇位的旗号来号召天下，恐怕可以事半功倍。一者，天下人本就心向扶苏，他的遭遇比较容易激起大家的同情心；二者，扶苏是大秦的正统继承人，恐怕秦人也不会太过反对。如此一来，我们造反的成功性大大增加。"

青史流光：跨越时空的那些人

六国后裔

吴广听罢，如醍醐灌顶，连连挑大拇指赞道："老陈，你果然厉害，比我聪明百倍呀！"陈胜想了一会儿，又道："只扶苏还不够，我们的支持者还太少。我们必须要争取更多的盟友。"吴广对陈胜已经佩服得五体投地，问道："根据你的说法，我们的队伍将有我们这样的穷苦百姓，还有心向扶苏的秦朝官员，那么还缺谁呢？"陈胜的眼中迸发出智慧的火花："还缺六国的那些后裔。你想，始皇帝统一六国的过程中，灭掉了多少六国的贵族官宦，这批人内心中也一定充满了国仇家恨，只是不敢爆发而已。我们现在就给他们提供一个宣泄口，你听说过项燕吗？"吴广点点头道："听说过，这个人据说是楚国的大将。"

规划联盟

陈胜继续道:"不错,这人在楚国很有威望,战功赫赫,可惜在秦国灭楚的战争中被秦将王翦(jiǎn)击败。楚国被灭后,项燕的下落是个谜,是生是死,天下人并不知道。我们本就出身楚地,可以举起项燕招兵的大旗,号召百姓加入。这样楚地百姓必然踊跃参军。届时,我们就可以打出复楚的旗号,如此一来,齐、燕、韩、赵、魏、楚等这些被灭国的诸侯后裔们看见了,也一定会跟着起兵,这样秦朝必然大乱。到时候我们联络这些人构建联盟,一起击秦,我们成功的胜算将大大增加。"

吴广闻言大喜,越想越觉得成功的可能性很大。但陈胜仍旧觉得不保险,他决定找个占卜的人给看看,造反到底能不能成功。

—伐无道·诛暴秦·陈胜、吴广—

青史流光：跨越时空的那些人

"鬼神"计划

他们很顺利地在队伍中找到了一个会占卜的老头,冒着泄露机密的危险,请他占卜前程。老头闻听他们的诉求,不动声色地拿出蓍(shī)草,装模作样地算了一番,说道:"你们所卜之事乃是大吉兆,而且大大有利于天下百姓,所以可以放心去做。不过在起事之前,你们应该要借助鬼神之力!"陈吴二人面面相觑,不明所以。老头说道:"你们需要借助鬼神的力量树立权威。"二人立刻醒悟过来。是呀,这个时候的人们都比较迷信,普遍相信鬼神之说,如果借鬼神之口来宣传,效果比他们直接劝说要更好更快。于是,陈胜、吴广、算命者三人低头凑在一起,想了几个能够影响普通人心智的"鬼神"计划。

鱼腹藏帛

他们在布帛上用红色的颜料写上"陈胜王"三个字，然后藏在被捕捉上来的鱼的肚腹中。然后假装安排人去买鱼。当厨师把鱼腹打开时，**顺理成章**发现了这个布条。在吴广有心的**推波助澜**之下，消息很快传遍了军营，大家都忍不住窃窃私语，看向陈胜的眼光也充满了敬畏。陈胜、吴广暗暗好笑。等晚上到来的时候，吴广又偷偷溜出军营，在附近一个破败的祠堂边，点燃了一堆篝火。火焰熊熊燃起，大家不知道发生了什么，都跑出来朝着火光传来的方向望去。这时，吴广模仿狐狸的尖叫声，发出阵阵哀鸣，听得大家毛骨悚然。正在惊疑不定之时，"狐狸"口吐人言："大楚兴，陈胜王；大楚兴，陈胜王……"**余音袅袅**，久久不绝。

伐无道·诛暴秦·陈胜、吴广

篝火狐鸣

众人"嗡"的一声炸了锅,这个声音虽然缥缈,但却清晰地传入了众人之耳。难道陈胜真的是天选之人,未来要成为王吗?要不怎么会连续两次都出现"神迹"呢?连日的暴雨下,众人都知道自己的前途一片灰暗,但这个时候出现神迹,难道是上天给的指示吗?难道陈胜真的是……一旦有了这个想法,造反的念头立刻像野草般迅速在各人心中蔓延开来。黑暗中,大家的眼中燃起了熊熊的烈火。而造完"神迹"的吴广潜回了军营,开始下一步计划。吴广这个人作为屯长,平常老实憨厚,待人和气,很受大家爱戴,大家都愿意跟着他行事。此时的老好人吴广来到了这群戍卒当中的最高权力者——两个校尉的帐外。

依计行事

　　这两个家伙跟吴广截然不同，仗着权势，平日里对大家作威作福，动不动就克扣饮食，辱骂体罚，惹得大家怨声载道。这天晚上，两人正不顾军令，躲在军帐里偷偷喝酒，而且喝得酩酊大醉、东倒西歪。吴广听着里面如雷的鼾声，嘴角露出了一丝冷笑。他突然大声叫道："长官，不好啦！"两个校尉睡梦正酣，猛听得一声叫喊，吓得心脏都漏跳了半拍。两人气呼呼地爬将起来，大声喝骂："何人大吵大闹？"边说边走出大帐。一看是吴广这个屯长，其中一个校尉倨傲不屑地呵斥道："深更半夜，大吼大叫，吴广，你是活得不耐烦了吗？"吴广"诚惶诚恐"地说道："长官，大家现在吵闹着不想去渔阳送死，要不放大家都逃了吧！"

撩拨校尉

校尉甲一瞪眼:"放了你们?想得美,就是死你们也得去渔阳送死。你们跑了,让老子怎么交代?"校尉乙也醉醺醺地说道:"吴广,赶紧领着你的人滚回去睡觉,惹怒了老子,先把你给砍了。"吴广装作**战战兢兢**的样子,哀求道:"两位长官,行行好吧,都是有家有口的人,我们死了,家里可怎么办呢?"两个校尉不为所动,一甩袖子,就想继续回去睡觉。吴广一把拉住校尉甲的袖子,悄声道:"你最好同意,不然我就不客气了。"校尉甲大怒,不假思索地"仓啷"一声拔出了肋下的宝剑,指着吴广大骂道:"吴广,你敢威胁本官,是不是不知道死字怎么写的?"他满以为吴广会害怕求饶,没想到在吴广脸上现出了诡秘的笑容。

夺剑斩尉

吴广等人只是被征发服兵役的人,所以暂时手中根本没有任何的兵器。吴广故意撩拨、激怒校尉,就是为了夺取他的兵器,同时杀人立威。当校尉甲拔出宝剑的一刻,吴广立刻欺身上前,一把夺过了校尉甲手中的宝剑。**其实校尉甲本来没有这么不堪,但一者酒醉未醒,实力大减,二者也确实没有想到吴广胆大包天,敢上前夺剑。**等他醒悟过来的时候,发现宝剑的剑尖已经指向了他的哽嗓咽喉。校尉甲吓得酒都醒了一半,刚要高声喊叫,就觉得脖子一凉,生命的气息瞬间远去。校尉乙惊呆了,赶紧要拔出宝剑反抗,可旁边一人劈手夺过了他的剑,接着跨步向前,一剑将其人头砍下。原来陈胜早已埋伏在旁边,见机行事。

——伐无道·诛暴秦·陈胜、吴广——

号召众人

擅杀上官,这简直是死罪中的死罪,旁边围观的众人吓得噤若寒蝉。陈胜撕下校尉身上的一块布帛,一边擦着剑上的血迹,一边朗声说道:"各位兄弟,现在的局势已经很明显了。我们远戍边塞失期,到渔阳必死无疑。就算朝廷大发慈悲,饶过我们。可是想想吧,我们戍守渔阳,每天都将面临生死存亡之事,估计能活下来的也就十之一二。大家难道都愿意像野狗一样埋骨荒野吗?"陈胜扔掉手中的破布,高呼道:"雁过留声,人过留名,大丈夫纵然死去,也要在历史上留下大名。王侯将相,宁有种乎?那些欺负我们的人,难道天生就该是贵族吗?"吴广在旁边也声嘶力竭地喊道:"王侯将相,宁有种乎?"

备注

噤若寒蝉:指蝉因寒冷而不再鸣叫,比喻不敢说话。

揭竿而起

陈胜、吴广的呼喊顿时激起了大家的血性，一群人跟着喊叫了起来："王侯将相，宁有种乎？""大楚兴，陈胜王！"一时间，中国历史上农民起义的第一声口号响彻云霄。走投无路的戍卒们热血沸腾，他们必须在绝境中寻找生的希望。可是，他们现在手无寸铁，怎么去推翻有着强大军事机器的秦朝呢？没关系，他们跑到了树林里，斩木为兵，揭竿为旗，用木头、竹子制造兵器，悬挂旗帜。很快，一支**衣衫褴褛**、毫无盔甲、手执简陋兵器，但士气却极为高昂的队伍成型了。陈胜望着在晚风中猎猎作响的大旗，忍不住心潮澎湃。他激动地握住吴广粗糙的大手，高声道："兄弟们，让我们一起伐无道，诛暴秦。"

伐无道·诛暴秦
Fawudao Zhubaoqin

——伐无道·诛暴秦·陈胜、吴广——

青史流光：跨越时空的那些人

义军壮大

陈胜自立为将军，任命吴广为都尉，诈言这支队伍乃扶苏、项燕部下，人人袒露右臂作为标志。这群看起来是乌合之众的队伍战斗力却并不低下，他们很快攻陷了大泽乡以及附近的蕲县县城，接着又乘秦军难以调集大军镇压，连克铚（zhì）县、酂县、苦县、柘（zhè）县、谯（qiáo）县等五县，攻占了今天的河南、安徽大片区域。周围早已不堪暴秦统治的百姓纷纷跟随起义，义军的雪球越滚越大，很快，陈胜麾下就拥有战车六七百乘、骑兵一千多人、步兵几万人。这支浩浩荡荡的队伍直扑秦朝重镇——陈县而去。陈胜本因为陈县会是一个难啃的硬骨头，可没料到，陈县的最高指挥官并未在城中，所以起义军刚刚发起进攻，秦军就土崩瓦解。

张楚立国

　　陈县这个地方是战略要地,曾经是春秋战国时期陈国、楚国的都城。陈胜拿下这个地方后,跟吴广一商量,觉得现在已经有了根据地,队伍也扩大了不少,所以必须要建立规范的组织架构,有道是"名不正,则言不顺",为了打赢秦朝,吸引更多的豪杰英雄加入队伍,就必须要建立正式的政权组织形式。于是,他们召集了陈县的豪杰贤达,跟大家一起商量未来的大事。这些人也一向对秦朝的暴政不满,对陈胜首举义旗的行为十分欣赏和佩服,所以并没有嫌弃陈胜的卑微出身,而是积极地出谋划策。最后,大家一致推举陈胜为王,定国号为"张楚"。目标不仅是恢复楚国,而且要消灭暴秦。

— 伐无道 · 诛暴秦 · 陈胜、吴广 —

青史流光：跨越时空的那些人

西向攻秦

张楚政权的建立，使得陈胜获得了先发优势，成为反秦义军的中心领导。在巨大的号召力下，各路豪杰纷纷追随起义，杀官吏、烧府库，起义的号角很快在各地吹响。而那些曾经被秦国破国灭家的六国后裔也乘势起义，收罗部将、百姓，一道抗秦。

曾被秦始皇视为**固若金汤**的大秦王朝很快陷入了处处烽烟、遍地战火的尴尬境地。陈胜眼见起义军形势大好，遂制定了"主力西进，偏师略地"的战略，即主力部队西向攻秦，争取攻入都城咸阳，其他部队四出抢地，攻略秦朝的各地方城池。他派吴广为假王，率主力西取进入咸阳的必经之地荥（xíng）阳，又派宋留、武臣、邓宗、周市、召平等人分路出击，夺取六国旧地。

吴广西征

这谈不上很好的战略布局,因为四处出击带来的结果就是兵力过于分散,容易被秦朝的军队各个击破。如果速胜还好,一旦不能速胜,将很快会陷入被动局面。各路兵马中,最为重要的就是吴广所率领的西征主力部队。这支队伍如果失败,将大大打击义军士气。陈胜没有别的人可以信任,只能派自己最亲密的战友吴广为西征统帅。

荥阳是秦朝的军事重地,囤积有大量的粮草,是秦朝和义军争夺的焦点之地。吴广率兵浩浩荡荡地逼近荥阳,想要像之前一样一鼓拿下这个关键之处。可是,在荥阳镇守的乃是秦朝丞相李斯的儿子三川郡守李由,这人对秦朝忠心耿耿,而且实力不凡,结果吴广攻打数日,难以取胜。

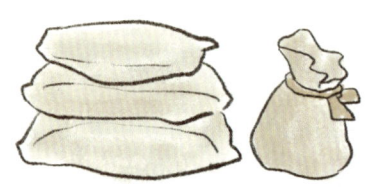

伐无道・诛暴秦・陈胜、吴广

青史流光：跨越时空的那些人

五六

荥阳困局

吴广毕竟是草莽出身，指挥大兵团作战的能力和李由这些家世出众的人是很难相提并论的，所以荥阳迟迟难以攻克。陈胜坐镇后方，得知此事，急得焦头烂额。陈胜清楚，自己手下这支队伍都是凭借一勇之气聚集起来的，打顺风仗可以，如果连连得胜，自然士气高昂，但一旦受挫，内部的失败情绪会迅速蔓延，这将大大不利于张楚政权的稳定。如今吴广在荥阳如果迟迟不能突破，陷入胶着状态，这对义军的影响是致命的。就在陈胜不知该如何破局时，手下一个叫周文的将领自告奋勇，愿意去解荥阳之局。但方法并不是直接增援吴广，而是打算绕过荥阳，直扑秦朝老巢——都城咸阳。陈胜大喜，赶紧下令周文依计行事。

周文奇袭

　　周文在战国末年曾经在楚国项燕、春申君的手下任过职,自称颇懂兵法,突袭咸阳一计也确实有**出其不意**之效果。如果能够成功,倒是能避开秦朝设立的重重关卡,擒贼擒王,一举成功。但同样,此举危险性也非常大。部队深入敌人腹心,必将会招致敌人猛烈反扑,而且自己后方支援断绝,势必陷入**孤军奋战**的危险境地。陈胜急于破局、周文急于立功,二人一拍即合,冒险走上了这条道路。一开始,周文**势如破竹**,所过之处,秦军望风而降,到函谷关时,连番作战的义军不仅没有折损人马,反倒大大增加了规模,已有兵车数千、士卒数万。如此良好的局面令周文**欣喜若狂**。看来,拿下咸阳,成就灭国之功指日可待了。

青史流光：跨越时空的那些人

章邯献计

再说此时的秦朝，在周文直捣腹心的猛烈进攻下，内部慌作一团。平日里花天酒地、不理朝政的昏君秦二世胡亥吓得大惊失色，赶紧召集群臣商量如何应对。几乎所有人都一筹莫展。事起仓促，秦国大军都分散在各地镇守，短时间内哪有大量兵力可以集结以应对铺天盖地而来的义军呢？关键时刻，**少府章邯站了出来，进言道**："现在从全国各地抽调兵力显然不现实，但就在我们身边有十万大军可用，又有何忧？"群臣哗然，彼此**面面相觑、交头接耳**，一个个像看怪物一样看向章邯。难道章少府乃神仙下凡，有撒豆成兵之术吗，否则怎么可能凭空变出十万大军呢？章邯不慌不忙地解释道："这十万人马就在骊山陵墓。"

章邯释囚

　　话说这骊山陵墓乃是秦始皇的陵墓,从其十三岁当秦王时就已经开始修建,到其去世时,已经持续了三十七年尚未完工。每年朝廷都要征发大量的人手来修建陵墓,而那些被判刑罚的罪犯、奴隶以及这些人的后代更是建造这一工程的主力。章邯的办法就是将这些正在修建骊山陵墓的人员武装起来,用以对付周文的义军。虽然这些人比不上正规军的战斗力,但周文的义军也没有经过正式操练,所以双方战力不过是半斤八两。胡亥仿佛抓住了救命稻草,立刻授予章邯统兵之权,令其尽快出兵,击退义军。手中有了人马的章邯**如虎添翼**,不负帝望,很快在戏地大败周文。周文仓皇而逃,出函谷、走曹阳、败渑池,最终自刎而亡。

伐无道·诛暴秦·陈胜、吴广

戏地惨败

突袭咸阳之计最终一败涂地，尚在荥阳与李由对峙的吴广部队很快将**腹背受敌**。一旦章邯大军抵达荥阳，与荥阳守将李由**里应外合**，义军必败。吴广收到周文战败的消息，茫然失措。荥阳防守严密，一时难以攻克，等章邯军来，自己必将大败亏输，但就此退兵，又难以向陈胜交代，而且战略上也不合适。**进退两难**的吴广无力应对这样的复杂局面，只能在大帐中辗转徘徊、唉声叹气。吴广手下有一个将领叫田臧，这家伙是个野心家。他认为荥阳不足为惧，关键点在于能否打败章邯。只要能把章邯大军打败，失去援军的荥阳终将是囊中之物。因此，围困荥阳的人马少量即可，其余的精兵强将应该抽调出来，先行击破章邯援军。

田臧密谋

　　田臧这个主意先不论高明与否，至少应该首先与军中统帅吴广商量一番。但这家伙素来看不起吴广，认为吴广不过是因缘际会，跟着陈胜起事才得了假王的地位，真正的本事非常有限。所以田臧根本没有找吴广商量此事，而是私下里找了其他将领共谋。田臧分析了当前的局势，也把自己的战术公布了出来。大家深以为然，都说应该赶紧向吴广献计。但田臧眼珠一转，叹了口气道："这个事情不能跟假王说啊！"众人惊问缘故。田臧慢吞吞道："假王这个人根本不知道兵法，对我等又整天摆出一副盛气凌人的姿态，自以为是，我们去献此计，恐怕很难被采纳。一旦不被采纳，我们最后的获胜机会就将失去了。"

青史流光：跨越时空的那些人

欲杀同袍

众人回想了一下最近的事情。自从吴广成了假王,独立领军后,确实跟以前不一样了,颇有一人之下、万人之上的骄傲姿态,对大家也不再平易近人,而是常常用权力、军法威胁处罚大家,这确实让人很生气。现在听闻田臧所言,不由得连连点头,觉得分析得很有道理。田臧又接着道:"为今之计,我们只有绕过假王,率军迎击章邯,才能避免大败。但怎么绕过呢?兵符令箭都在其手。唯一的办法只能是……"说着,田臧眼露凶光,右手横在脖子上猛力一拉,作了个杀人的动作。

众将如遭雷击,面如土色,惊惶不定地看着田臧。他们实在想不到田臧如此心狠手辣,要对自己的同袍战友下毒手。

吴广遇害

田臧悠悠叹了口气，道："我本也不忍如此做，假王毕竟是我们的同袍兄弟。但如果不行此事，我等众人必将死无葬身之地呀！"众人默然，于是一个杀害吴广的计划就在沉默中通过了。田臧唯恐走漏消息，一不做二不休，夤（yín）夜进帐，面见吴广，假装向吴广汇报军情，然后乘吴广不备，从背后猛刺一刀。一向粗犷、豪爽的吴广看着透胸而出的雪亮刀尖，满脸都是惊讶、不解和愤怒。他张了张嘴，却无力吐出一字。伟岸的身躯轰然倒下，中国历史上第一次农民起义的首倡者之一吴广带着无尽的不甘撒手人寰。他不仅未能品尝到胜利的果实，亲眼见证大秦帝国的灰飞烟灭，而且至死都不明白，为何杀死自己的利刃来源于自己人。

伐无道・诛暴秦・陈胜、吴广

主从难分

　　田臧弑主的真正原因自然不敢公之于众，甚至不能说谋划来源于自己，因为一旦如此，他必将背负上不仁不义的恶名，手下士兵可能立刻哗变。因此，他对外假装宣称是大王陈胜所下的命令，而且装模作样地派人拿着吴广的人头去向陈胜复命。难道田臧不怕陈胜知情后，暴跳如雷，为好友吴广报仇雪恨吗？这就不能不佩服田臧对人性把握得极为准确。陈胜、吴广虽然一起起事，但有道是天无二日、民无二主，两人必须分出一个主从关系来。很显然，陈胜拔得头筹，吴广只能屈居第二。一开始，义军规模较小时，主从问题不是很明显。但随着张楚政权的正式建立，二人的权力分割必须明确，否则会出现号令不明、归属不定的情形。

心随人愿

　　站在陈胜的角度来看，义军有且只能有一个统帅，那就是陈胜自己。但从情感上讲，又不可能将吴广视为普通将领。因此，他不得不封吴广为假王，可以号令除了自己之外的其他人。这种实际把自己权力架空的权宜之计当然为陈胜所不喜，但大义所在，陈胜也只能违心认可，只是心下难免怏怏。如今，他忽然看到田臧送来的吴广首级，而且听说田臧是假传自己的命令杀死的吴广，首先的反应是勃然大怒，想要立刻派人把无法无天的田臧处死。但稍一琢磨，陈胜旋即转了念头。田臧此举正好为他解决了一个他自己无法解决的难题。现在吴广已死，权力自然完全归属于陈胜自己，这不正是之前所想但一直不能做的事情吗？

—伐无道·诛暴秦·陈胜、吴广—

青史流光：跨越时空的那些人

西征惨败

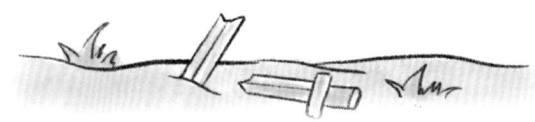

田臧如此"知情识趣"地为陈胜解决了难题，陈胜纵然心底哀伤兄弟之死，但也欣然奖赏了田臧，任其为令尹、上将军，全面掌管荥阳前线的大军。田臧阴谋得逞，既诛杀了阻挡其上升之路的吴广，而且逃避了惩罚，更得到了令人羡慕的权力和地位。一时间，真是风光无限。他命令部将李归继续带领少量人马围困荥阳，自己则率精兵亲自对抗章邯。可惜的是，田臧玩弄阴谋是一把好手，但行军打仗却是弱鸡一只。双方在敖仓会战，田臧被久经战阵的章邯迅速击败，身死人手，全军覆没。章邯并不罢休，继续进兵。驻守荥阳郊外的李归等人也很快败亡。田臧自以为高明的"围点打援"计划彻底破产。

无人可信

西征大军的惨败为陈胜诛除暴秦的事业蒙上了一层阴影。但此时的陈胜并未丧失信心,毕竟除了西征一路外,还有其他很多将领四处出击,攻打秦朝各地,胜负的天平未必就偏向秦朝。陈胜盘点了一下各部的动向,陈人武臣、张耳、陈馀去收取赵地,汝阴人邓宗攻略九江,魏人周市占领魏地,都稍有战果,整体形势仍旧有利于张楚政权。但严峻的问题是这些人都可靠吗?答案显然是否定的。攻略赵地的武臣三人确实战功卓著,很快将赵地秦军击败。但张耳、陈馀这两人本来就不满陈胜称王,而是希望借着反秦起义,让原来的六国复国,所以刚刚攻取赵地,就撺掇着武臣自立为赵王,不肯听从陈胜的节制。

青史流光：跨越时空的那些人

武臣叛楚

武臣是陈胜的老朋友，所以听说武臣背叛自立，陈胜分外恼火，当即就想把武臣等人留在陈地的家属尽数处死。他手下的上柱国房君蔡进言道："秦未亡，而灭武臣等人家属，这是亲者痛、仇者快的事情，万一这些人背叛起义大业，投靠秦朝，对我们可是大大不利呀。"陈胜冷静下来，只好违心地派人去向新晋赵王武臣以及大将军陈馀、丞相张耳这些原先的部下贺喜，然后把各人的家属送还。陈胜如此委曲求全，就是希望赵国能够继续参与到反秦大业中来。但是，已经得到赵地的武臣等人早已兴起了坐山观虎斗之心，指望着陈胜在前面跟秦军打生打死，而自己则坐收渔翁之利，所以面对陈胜请求增援的催促，赵国无动于衷。

众将割据

赵国君臣不肯支援陈胜,但却不妨碍他们自己扩大地盘。他们派卒史韩广出兵燕地,想要把这块地盘收归己有。但有道是**你做初一,我做十五**,武臣可以背叛陈胜自立,韩广也自然可以背叛武臣自立。果然,燕地一收入囊中,韩广就在手下一众燕国贵族后裔的劝谏下自立为燕王。赵国的敌人已经有秦、有张楚,哪还敢再多一个燕国呢?所以也只好乖乖地把韩广等人的家属送到了燕地,并献礼祝贺。有了赵、燕这两个榜样,其他那些四处攻取秦国城池的将领们自然也有样学样,希望摆脱张楚政权的节制,能够自立为王,再不济,也能当个开国重臣。这样获取的收益远远比屈居于陈胜手下当个普通将领所获要多得多。

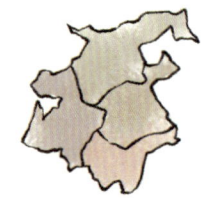

伐无道・诛暴秦・陈胜、吴广

我们都要当王!

青史流光：跨越时空的那些人

周市立魏

陈胜想象中的大家并力西向、一举灭秦的美好愿望，在现实利益面前被撕扯得粉碎。攻取完魏地的周市想要进一步攻取齐地，但齐国贵族后裔田儋（dàn）趁乱起兵复齐，将周市赶出了齐地。周市回到魏地后，想让自己的故国魏国复国，于是就想立魏国贵族后裔魏咎为魏王。而此时的魏咎正在陈地，处于陈胜的监控之下。陈胜为了留住周市，一咬牙，宁肯让周市自己成为魏王，也不愿让一个六国的旧贵族当王。但没想到周市是个死心眼，坚决不从，陈胜的使者来回跑了五趟都没法说服周市自立，其一心只愿意让魏咎当魏王。陈胜无奈，他无法逼迫周市太紧，只能派人把魏咎送到魏地登上王位，而周市则滞留魏国，成为国相。

义军无首

除了赵、燕、齐、魏之外，还有很多自举义旗的义军独立成军，不肯听从陈胜的号令，比如陵人秦嘉、铚人董缫(xiè)、符离人朱鸡石、取虑人郑布、徐人丁疾等都自成体系。秦嘉甚至自立为大司马，杀死了陈胜派去想要收夺自己兵权的将领武平君畔。而另外两股力量，沛县的刘邦和吴中的项梁项羽叔侄也正在壮大，他们更加与陈胜无关。反秦大业看似**声势浩大**，遍地开花，但大多数军事力量都与陈胜义军互不统属。这些义军到处割据，一方面固然要反秦，另方面更主要的是借机实现自己的政治诉求，要么恢复六国，要么称霸天下，要么获得高官显爵。陈胜无力控制、调动各路人马，却因为首倡起义故而不得不**首当其冲**，承担来自暴秦的大部分怒火。

伐无道・诛暴秦・陈胜、吴广

青史流光：跨越时空的那些人

张楚崩塌

　　此时的秦朝已经不复当年平定六国、一统天下之勇，国无良将，只有章邯一人可堪大用。而就是章邯，给陈胜义军带来了毁灭性的打击。周文、田臧被击败后，章邯乘胜进兵，陈胜连连败退，上柱国房君蔡、将领张贺等先后战死。仅仅称王六个月的陈胜很快被凶狠的秦军逼到了墙角。陈胜一筹莫展，只能借酒消愁，他实在没有想到形势会如此急转直下，拥兵数十万的张楚政权会瞬间崩塌。疾风知劲草，板荡识诚臣，陈胜多么盼望此时能有贤士良将帮他分忧解难，可是起兵如此仓促，手下皆是乌合之众，不仅没有希望中的忠诚之士，反倒有很多投机起义的小人。就在陈胜彷徨无依之际，为他驾车的人生出了歹意。

庄贾弑主

　　这小子叫庄贾，自从追随陈胜以来，一直鞍前马后，侍奉得十分周到，深得陈胜信任。在当时，能够为主君驾车，非心腹不能担当。但庄贾的恭顺只是表象，骨子里根本不是什么忠义之士，之所以跟从起义、巴结陈胜只不过是觉得陈胜称王，自己也能攀龙附凤，获取富贵罢了。而此时，陈胜深陷危局，前途晦暗，庄贾盘算数日，觉得如果继续跟陈胜待下去，必然会跟着陈胜一起灭亡。反之，如果能拿到陈胜的人头去献给秦朝，说不定还能立下大功，摇身一变，从反贼变成忠臣，进而封官进爵。庄贾越想越美。于是，在一个月黑风高之夜，这个小人避开了层层护卫，偷偷潜入了陈胜的住所，而茫然不知危机降临的陈胜正在烦闷中恹恹昏睡。

青史流光：跨越时空的那些人

义军落幕

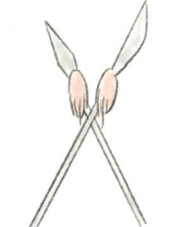

庄贾假装轻声叫了几声"大王",看陈胜没有反应,知道机不可失。他轻轻从怀中抽出利刃,用尽全力朝着陈胜的胸膛刺入。尚在梦中的陈胜"啊"的一声惨叫,顿时气绝身亡。霍霍闪跳的烛光下,英雄的鲜血汩汩流淌。陈胜完全没想到,自己的车夫会萌生出最为可怕的杀意。可叹,空有鸿鹄之志的张楚大王竟然憋屈地死在了小人之手。庄贾杀害陈胜后,不敢停留,唯恐被别人知觉,遂连夜出城,投奔章邯。章邯闻听义军领袖陈胜忽然死去,大喜过望,在庄贾的带领下,即刻挥师东进,一举攻克了张楚的都城——陈县。吴广、陈胜先后离世,群龙无首下,张楚政权分崩离析,风风火火的大泽乡起义就此落下了帷幕。

反秦继续

陈胜虽亡，张楚大旗虽然倒下，但由大泽乡起义引发的大规模反秦起义之火却没有就此熄灭。陈胜手下的忠勇之士吕臣组织了一支用青布裹头的队伍——"苍头军"，奋力反扑，杀死了大叛徒庄贾，又攻占了陈县。而那些虽然不归属于陈胜、但目标是反秦的义军们也还在和秦军奋力搏杀。章邯只能见招拆招，充当大秦的救火队员。他陆续消灭了几股义军，甚至杀死了项梁这样的名将，击败了刘邦这样的枭雄。但面对**此起彼伏**的各处烟尘，章邯只能**疲于奔命**，无能为力。更重要的是，他平定义军的胜利越多，胡亥以及其宠臣赵高就对其越不放心。最终，章邯在巨鹿之战中被义军头领项羽击败，内外交困下，不得不率众投降。

乡友访陈

随着秦朝最后一个名将章邯的谢幕，大秦帝国也迎来了它的落日，历史将很快翻开新的篇章。首倡起义的草莽英雄陈胜、吴广至死没能看到咸阳被占、阿房被焚的胜果，这不能不说是一种遗憾。其失败固然有历史的必然，但也有个人的局限。一个故事就能窥见一斑。陈胜称王后的某一天，当初和他一起耕作的佣工朋友来找他叙旧。这是个没有见过世面的乡巴佬，内心中还是把陈胜当成了乡下的穷小子。所以面对巍峨高大的宫门，他没有丝毫惧意，而是大声叫道："开门，快开门，我来找陈胜。"守门的卫士当场就把他拿下，要治冒犯陈王之罪。这人大呼小叫，拼命辩解，卫士才把他释放，但也没有搭理他，不肯向内通报。

共享富贵

　　这个人不甘心就此离去，就在外面苦苦等待机会。不久，他见陈胜的车辇从宫内驶出，遂不顾一切地拦住道路，大声呼叫着陈胜的名讳。陈胜掀起车帘往外一看，原来是老朋友！他立马想起当年"苟富贵，勿相忘"的豪言，于是命人把这人请上马车，一起返回宫殿。等看到宫内房屋处处、帷幔层层时，这人惊得目瞪口呆，东摸摸西看看，忍不住道："夥颐！涉之为王沉沉者！"意思是"真多呀，陈涉为王，真是阔气！"客人这么一说，陈胜觉得面子上倍有光彩，遂热情款待了这人。这人一看陈胜还挺念旧情，就传信息让之前一起耕地的老朋友都来投奔陈胜，希望和陈胜共享富贵。

—伐无道·诛暴秦·陈胜、吴广—

彰颐见杀

  陈胜来者不拒，对这些人也都给予了优厚的待遇。但好景不长，他这个朋友是个"大话精"，仗着跟陈胜有旧，遂到处跟别人去分享传述陈胜当年未发迹时的糗事。他倒未必有什么坏心，只不过是想炫耀一下和陈胜的关系、借机满足自己的虚荣心罢了。但他不明白的是，为王的陈胜和为民的陈胜是**截然不同**的。陈胜如果胸怀宽广，可能不会计较。但由草根崛起的陈胜分外不能容忍这种对他权威构成亵渎的行为，所以听说这件事情后，二话不说，就命人将他这个朋友斩杀了。其他那些旧日的朋友看到这个人的悲惨下场，吓得胆颤心寒，觉得陈胜现在太可怕了，取人性命如翻掌覆手般容易，哪还敢奢望什么共富贵，遂纷纷离去。

离心离德

　　这种影响对正值广纳人才、招兵买马的立国大业而言是致命的。有道是千金买马骨，这些人再不堪，如果陈胜能够团结住，对外就可以树立良好的明君形象，自然会有更多的人才来投奔。但如此轻率地因小错杀人，实际上是拒人才以千里之外。那么，陈胜又怎么对待那些起兵后前来投奔他的将领们呢？他专门设置了监察官吏，随时纠察将领们的错误，哪怕这些将领在外统兵、攻城略地，也会因小错而被重罚。他只根据能不能揪出别人错误来判断手下是否忠心。只要他不喜欢的人，无论才能高下，一旦犯错，从来不会交给司法官吏、按照法令来惩处，而是根据自己的意志随意判决。结果，诸将纷纷离心离德。

一〇三

青史流光：跨越时空的那些人

勇气可嘉
无远大目标和宽广的胸怀
缺乏军事才能和战斗经验

隐王
反秦英雄

昙花一现

作为反秦起义的倡导者，陈胜、吴广二人空有反秦的勇气，却没有宽广的胸怀、宏大的奋斗目标，更缺乏应对残酷斗争的政治才能和军事才能，身边亦无良将贤臣辅佐，却常有奸险小人相随，这些都注定了轰轰烈烈的大泽乡起义只能是昙花一现。但历史并不以成败论英雄，后人多承认陈胜、吴广在推翻暴秦起义中的伟大功绩。汉高祖刘邦建国后，将陈胜追谥为"隐王"，太史公司马迁也为这两个"草寇"作传，列入《陈涉世家》，与那些列国诸侯、汉朝重臣相并列。今人更是将其视为中国历史上第一次农民起义的领导者而大加赞颂。斑斑青史从来不会掩藏真正人杰的丰功伟绩，陈胜吴广二人足可当得起"英雄"之谓。

小小评论家

1. 读完后，请问陈胜、吴广有哪些优缺点呢？

　_____

2. 如果你是陈胜、吴广，你有什么方法能避免自己被秦军击败呢？

　_____

3. 想想看，陈胜、吴广为什么要搞篝火狐鸣的把戏呢？

　_____

4. 安享和平美好的你,想过自己有什么样的"鸿鹄之志"吗?

_____

5. 强大的秦朝为什么会被两个小小的戍卒引发的战火推翻呢?

_____

6. 如果你是已经当了王的陈胜,你会怎么样对待那些昔日一起耕种的老伙计呢?

_____

文史小课堂

1. 文治武功：在内政上统治稳固，国家安宁，在军事上克敌制胜、战功卓著，多用于对封建帝王或者王朝的褒扬性评价。

2. 大秦王朝：中国历史上第一个统一的封建王朝。从公元前221年秦始皇嬴政消灭六国、建立王朝开始，到公元前207年末代秦王子婴投降刘邦结束，共持续14年，是一个相对短命的王朝。虽然时间不长，但其所施行的一系列典章制度对后世影响深远，如皇帝制度、三公九卿制度、郡县制度、土地制度、户籍制度、重农抑商政策等，此外，统一文字、货币、度量衡，修筑长城等行为，更是彪炳千秋。但是，其采用法家思想治国，不顾民生，横征暴敛，企图用严刑峻法威吓百姓，最终招致百姓的反抗而被灭亡。

3. 金城汤池：用金属来筑造城墙，用沸水来当护城河，形容城池极其坚固，难以攻克。汤，这里是沸水的意思。

4. 焚书坑儒：典故与秦始皇有关。秦始皇建立秦朝后，一次，儒学博士淳于越反对郡县制，希望秦朝恢复过去的分封制。该建议遭到法家代表人物丞相李斯的坚决反对。李斯不仅加以驳斥，而且上书建议秦始皇烧毁《秦记》以外的列国史记，对不属于博士馆的民间私藏的《诗》《书》等也限期交出烧毁；有敢谈论《诗》《书》的处死，以古非今的灭族。秦始皇同

意实施，此即为"焚书"。后来，有方士、儒生诽谤秦始皇，加上秦始皇信任的方士卢生、侯生借求仙问药之事，挟资逃亡。秦始皇大怒，遂抓获并活埋数百人，是为"坑儒"。焚书坑儒后来成为统治阶级钳制思想的代名词。

5. 密如凝脂，繁似秋荼(tú)：凝脂，凝固的脂肪，形容细腻。秋荼，秋天的荼蘼花，这种花在古书上有记载，据说一到秋天就非常茂盛。"密如凝脂，繁似秋荼"合起来，表示秦朝的法律非常细致、精密，老百姓动不动就会触犯刑法。

6. 徭役：古代统治者强迫平民在一定时期内或者特殊情况下从事的各种无偿劳动，统称为徭役。例如骊山陵墓、万里长城的修建就是征发徭役完成的。

7. 东巡：指帝王巡视东方。秦始皇为加强统治，彰显威势，曾经数次巡游天下，最后一次东巡时，去世于沙丘宫。

8. 嫡长子继承制：古代的一种非常重要的继承制度，即王位、爵位等都由嫡长子继承。所谓的嫡长子，即正妻所生的长子。古代实行一夫一妻多妾制，自西周开始形成"立嫡以长不以贤，立子以贵不以长"的制度，对后世影响深远。

9. 醍醐灌顶：佛教中用此词比喻灌输智慧，使人得到启发，彻底醒悟。现在常用来比喻听了高明的意见使人受到很大启发。

10. 岌岌可危：形容非常危险，马上就要倾覆或灭亡。

11. 反目成仇：双方从和睦友好的关系变为敌对的关系。

12. 燕雀安知鸿鹄之志：燕子麻雀这些凡鸟怎么能够知道大雁、天鹅这些鸟儿的凌云壮志呢？语出秦末陈胜，用以自述其志向，表明他不甘于平凡的豪迈情怀。后世常用来表示某人志向远大。

13. 望风影从：望见别人的旗号就赶紧像影子一样依附过去。又作"望风景附"，景，通"影"。

14. 蓍（shī）草：一种多年生草本植物。古时候常用其茎来进行占卜算命，这是因为蓍草多年生，岁岁不息，所以被认为最有灵气。周代常用蓍草来占卜，而更早的商代则用龟甲来占卜，原因是因为龟长寿，故而被认为通灵。

15. 五体投地：佛教用语，磕头时，头、两手、两膝都碰到地面，表示虔诚恭敬。现在常用来表示十分佩服。

16. 篝火狐鸣：有关陈胜的著名典故，陈胜起义时，为了让别人相信自己天命所归，命吴广点起篝火，吸引人的注意，又学狐狸声大叫"大楚兴，陈胜王"，以假托狐鬼的手段让人相信自己。后用来比喻筹划起事。

17. 噤若寒蝉：像秋冬的蝉那样停止鸣叫，比喻因十分害怕而不敢说话。

18. 少府：官职名称。秦汉时有设置，秦朝最后一个名将章邯曾任少府。主要负责征收山海池泽之税和收藏各地上贡，以便宫廷之用。同时负责宫廷所有衣食起居、游猎玩好等需要的供给和服务。

19. 功败垂成：指事情在快要成功的时候遭到失败，含有惋惜之意。

20. 因缘际会：因为有缘份的关系在一个偶然的机遇中相会，用以表示巧合。

21. 疾风知劲草，板荡识诚臣：狂风大作才能知道哪些草是真正坚韧的草，国家动荡之时才能识别哪些是忠臣志士。此句出自唐太宗李世民所作的《赠萧瑀》，用来评价手下大臣萧瑀。后世常借来形容危难时刻才能展现出一个人的品质和意志。

22. 千金买马骨：典故出自《战国策》。说有一个国君想要千里马，一直得不到。有一个人说他能买来。于是国君委托他办理此事。不久，这人花了一千金终于带回来了千里马，可是不是活的马，而是马的尸骨。国君大怒，这人却说："如果这个消息传出去，大王您连马骨都愿意买，那些拥有真正千里马的人又怎么会不愿意来呢？"不久以后，国君就得到了很多真正的千里马。后世常用这典故来表示通过对一些才能一般的人的重用来表达求贤若渴的诚意，从而吸引其他更多真正的贤才来投奔。

人物小传

陈胜：字涉，秦末农民起义领袖，本为戍卒，因未能按照期限到渔阳戍守，面临酷刑，遂在大泽乡与吴广率先发动反秦起义，喊出"王侯将相，宁有种乎""伐无道，诛暴秦"的口号，建立"张楚"政权，自任楚王。后被秦朝大将章邯击败后，为其车夫庄贾谋杀。

吴广：字叔，秦末农民起义领袖，本为戍卒，与陈胜在大泽乡一起起义，曾帮助陈胜用"篝火狐鸣"的方式确立其领导地位，被陈胜任命为假王。后在攻打荥阳时，被起义军中另一个将领田臧杀害。

秦始皇：中国历史上第一个皇帝，秦朝的建立者。在位时威势赫赫，功勋卓著，被誉为"千古一帝"，但因统治残暴、不恤民力，导致民怨沸腾，其去世后不久，中华大地烽烟处处，秦朝二世而亡。

扶苏：秦始皇长子，为人宽仁，反对暴政，为秦始皇不喜，被发往北地协助蒙恬监造长城。秦始皇临终前指定其为继承人，但赵高、李斯、胡亥等篡改遗诏，扶苏最终被迫自杀身亡。

蒙恬：秦朝名将，蒙武之子。曾率兵三十万北击匈奴，收复河南之地，并监修万里长城。秦始皇去世后，赵高、李斯反动政变，矫诏令其自杀，蒙恬请求复核，但无果，最终蒙冤自尽。曾改良毛笔，誉为"笔祖"。

胡亥：秦朝第二个皇帝，称秦二世。依靠赵高、李斯篡改秦始皇遗诏夺得皇位，在位期间昏聩无能，残暴不仁，加速了秦朝的灭亡。后在秦朝风雨飘摇之时，被谋朝篡位的赵高杀死。

赵高：历史上著名的奸臣，秦二世胡亥宠臣。扶植胡亥篡位，权倾朝野，指鹿为马，诛贤杀能。为谋朝篡位，

杀死胡亥。因群臣反对，未能当皇帝，只好另立秦宗室子婴为秦王，旋即被子婴设计杀死。

李斯：法家思想的践行者，秦朝左丞相，深得秦始皇信任。对秦朝的建立及各种典章制度的设置功劳卓著。但为人自私，曾杀害同门韩非子。为了权势，与奸臣赵高合谋篡改始皇遗嘱，逼死原定继承人扶苏，改立胡亥为秦二世。但很快与赵高反目，被赵高诬陷谋反，腰斩于咸阳，并诛三族。

项燕：战国时期楚国大将，秦灭六国战争中，楚国的最后支柱，不幸被秦国名将王翦击败自杀，但民间传说其下落不明，陈胜起兵时曾借其名义。

宋留：秦末农民起义首领陈胜的部将，曾攻打武关、南阳，为秦军所败后，率兵投降，但很快被押赴咸阳车裂处死。

武臣：本为秦末农民起义首领陈胜的部将，被陈胜委派与张耳、陈馀攻略赵地，但赵地平定后，在张耳、陈馀撺掇下自立为赵王，不肯听从陈胜节制，并拒绝出兵帮助陈胜，间接导致陈胜西征失败。后被其部将李良攻杀。

邓宗：秦末农民起义首领陈胜的部将，曾被陈胜委派攻取九江。

周市：本为秦末农民起义首领陈胜的部将，被陈胜委派攻取魏地、齐地，在齐地被齐国旧贵族田儋赶走。魏地平定后，拒绝自立魏王，坚持立魏国贵族后裔魏咎为魏王。魏咎复建魏国后，周市被任命为相。后秦将章邯攻魏，魏咎被围，周市说服齐王田儋、楚将项佗救主，但很快联军被破，周市被杀。

召平：秦朝末年，追随陈胜吴广反秦起义，率兵攻打

广陵时，听说陈胜战败，遂假传陈胜命令，封刚刚起义的项梁为上柱国，令其过江西向攻秦。项梁八千江东子弟借此成为抗秦主力。

李由：秦朝将领，丞相李斯之子。秦末农民起义之时，任三川郡守，阻挡起义队伍，曾屡次击败陈胜、吴广。但未能阻止其他起义军队伍扩大，赵高乘机诬陷李斯、李由父子与义军勾结，导致李斯被杀。而李由领兵在外，幸免，但不久被义军破城，为刘邦手下曹参斩杀。

周文：名周章，字文，秦末农民起义首领陈胜的部将。早年曾在项燕、春申君手下任职，自称精通兵法，曾自告奋勇突袭秦都咸阳，但被章邯率领修建骊山陵墓的囚徒大军打败，周文自刎而亡。

春申君：战国四公子之一。楚国人，名黄歇，楚考烈王时期被任命为楚国令尹，封春申君。曾援赵灭鲁，组织六国联军进攻秦国。后在权力斗争中，被其侍从兼王后之兄李园杀死，留下"移花接木"的典故。

章邯：秦朝的最后一员大将，是秦末扑灭各路起义的主要将领。曾击败陈胜，杀死田儋、项梁等，消灭多路义军。但在巨鹿之战中被项羽打败，因受胡亥、赵高猜忌，被迫投降项羽。被项羽封为雍王，主政关中西部，为三秦之一，就近监视刘邦。后在刘邦进攻关中时，被击败自杀。

田臧：秦末义军将领，陈胜吴广起义后，跟随吴广围攻荥阳。在战事不利的情况下，矫陈胜之命杀死吴广。陈胜未对其追责，反任命其为上将军、令尹，统率围攻荥阳的部队。田臧遂主动出击进攻荥阳援军章邯的部队，但很快被章邯在敖仓大败，田臧死于乱军之中。

李归：秦末义军将领。曾跟随吴广参与围困荥阳，吴

广被田臧杀害后，继续领兵围困咸阳。田臧身死后，李归也很快败死于章邯之手。

张耳：战国至秦末人物，原为魏国信陵君门客。秦始皇灭六国时，听闻其贤，悬赏捉拿，张耳隐姓埋名逃遁。秦末天下大乱，追随陈胜起义，先后拥立武臣、赵歇为王。巨鹿之战被章邯围困，得项羽解救。项羽分封诸将，被封为常山王，引起其好友陈馀不满，被后者击败，遂投靠刘邦，协助韩信攻略赵地。

陈馀：战国至秦末人物。本为张耳好友，曾共同拥立武臣、赵歇为赵王，但在巨鹿之战中，不肯尽力解救赵王歇，为张耳责备，二人绝交。后又不满项羽分封，击走张耳，自己与赵王歇合作。后在韩信、张耳进攻赵地时，被韩信用背水一战的战法大败，被斩杀。

房君蔡：秦末义军将领。追随陈胜吴广起义，被任命为上柱国。后在固守陈县一战中，败亡于秦将章邯之手。

韩广：秦末农民起义首领陈胜的部将，跟随受陈胜委派的武臣攻略赵地。武臣在赵地稳定后自立为赵王，不听陈胜节制，又派韩广攻略燕地。韩广一到燕地，就被燕国旧贵族拥立为燕王，遂叛赵自立。秦朝灭亡后，西楚霸王项羽号令天下，分封诸侯，因对韩广不满，遂封韩广部将臧荼为燕王，而将韩广封为辽东王。韩广对此不满，据不让出燕都，遂被臧荼攻杀。

田儋：秦末反秦起义中的义军首领。陈胜、吴广大泽乡起义后，其在狄县发动起义，自立为齐王，逐走陈胜派去攻略齐地的将领周市。后在秦将章邯攻魏时，出兵援助，但被章邯攻杀。堂弟田荣继续从事反秦斗争，并曾与项羽分庭抗礼，间接导致楚汉之争中项羽的失败。

魏咎：战国时期魏国贵族后裔。陈胜称王后，前往追随。后陈胜派部将魏人周市攻略魏地成功后，周市拒绝自己称魏王，坚决立魏咎为魏王。魏咎为王后，封周市为相。后章邯包围魏都，魏咎为免都城百姓被屠，答应开城投降，自焚而死。其弟魏豹逃奔项羽，获得兵马后，又再次攻占魏地，后被项羽封为新的魏王。

秦嘉：秦末义军将领。在陈胜起义自立为楚王后，追随起义。但不肯听从陈胜号令，矫命斩杀了陈胜所派监军武平君畔，立楚国后裔景驹为楚王，自任大司马。后被项梁遣英布击杀。

董缫：秦末义军将领。独立成军，不服从陈胜所建立的张楚政权。

朱鸡石：秦末义军将领。独立成军，不服从陈胜所建立的张楚政权。后归项梁，不久被秦将章邯击败，遂被项梁处死。

郑布：秦末义军将领。独立成军，不服从陈胜所建立的张楚政权。

丁疾：秦末义军将领。独立成军，不服从陈胜所建立的张楚政权。

武平君畔：秦末义军将领。曾被陈胜派去监视秦嘉等其他不愿听从陈胜节制的各路义军，为秦嘉所厌，最终被秦嘉假托陈胜命令斩杀。

刘邦：汉高祖。本为秦朝泗水亭亭长。秦末陈胜吴广起义后，刘邦在芒砀山斩白蛇起义，一开始投靠项梁复辟的楚国，后羽翼逐渐丰满。率先攻入咸阳，引起项羽不满。鸿门宴后退出，被项羽封为汉王，进驻巴蜀地带。乘项羽东归江东时，掀起楚汉战争。相争四年，

最终在垓下战役中打败项羽，建立了大汉王朝。

项梁：项燕之子，项羽的叔父。继陈胜吴广大泽乡起义后，带领项羽在会稽起兵反秦，并在薛县拥立楚怀王，复建楚国。战功卓著，但后来因骄傲自满，被秦朝大将章邯击败身死。

项羽：本名项籍，号西楚霸王。秦末反秦起义各路人马中的主力。曾在巨鹿之战中破釜沉舟，创造了以少胜多的经典战役。勇力绝伦，力能扛鼎。但为人残忍好杀、优柔寡断，缺乏政治眼光，在楚汉相争中，逐步丧失优势，被刘邦击败，自刎于乌江。

张贺：秦末农民起义首领陈胜的部将。被秦将章邯攻杀。

庄贾：秦末人物。本为反秦义军首领陈胜的车夫，在陈胜面临危局时，杀害陈胜并投降秦将章邯。后被矢志为陈胜报仇的"苍头军"首领吕臣攻杀。

吕臣：秦末反秦起义军将领，陈胜部将。陈胜被章邯击败，并被车夫庄贾杀害后，吕臣组织"苍头军"重建张楚政权，并诛杀了庄贾。后先后随英布、项羽、刘邦抗秦，入汉后得爵位。现存其铜印一枚，是中国历史上第一次农民起义中流传下来的唯一一件文物。

司马迁：中国伟大的史学家、文学家、思想家，开创纪传体史书先例，著有《史记》。